# Erinnerungen an mein Lesejahr

Ein immerwährender Lesekalender

Susanne Weinzierl

# Für Franz

Meinem Mann, meiner großen Liebe,
meinem besten Freund

In tiefer Verbundenheit

„Die Welt ist ein Buch.
Wer nie reist, sieht nur eine Seite davon".
Augustinus von Hippo

# **I**ch möchte mich kurz vorstellen

Mein Name ist Susanne Weinzierl und ich wohne seit 2017 mit meinem Mann in der Oberpfalz nahe bei Regensburg.

Ich studierte an der Universität Bayreuth Grundschullehramt und übte diesen Beruf immer gerne aus. Seit 2006 arbeitete ich in der Schulleitung mit und war sowohl in Nürnberg als auch in Fürth als Schulleiterin tätig. Von 2017 bis 2020 leitete ich die Grundschule Irlbach, Gemeinde Wenzenbach im Landkreis Regensburg. Ich habe schon immer gerne gelesen und so ist mir die Idee für dieses kleine Büchlein gekommen. Viel Spaß beim Ausfüllen und Gestalten!

Du kannst den Lese-kalender beginnen, wann immer du möchtest!

Wichtig!

Ein Buch zum Motto des jeweiligen Monats!

Mit diesem Kalender hast du eine schöne Erinnerung an deine gelesenen Bücher!

**Impressum**

Bibliografische Information der Deutschen Nationalbibliothek:
Die Deutsche Nationalbibliothek verzeichnet diese Publikation in der Deutschen Nationalbibliografie; detaillierte bibliografische Daten sind im Internet über http://dnb.dnb.de abrufbar.

Herstellung und Verlag: BoD – Books on Demand, Norderstedt

ISBN: 9783755701408

# Januar

Motto

im

Monat

Januar

Eine winterliche Geschichte!

Dieses Buch/ diese Bücher habe ich zum Motto des Monats gelesen!

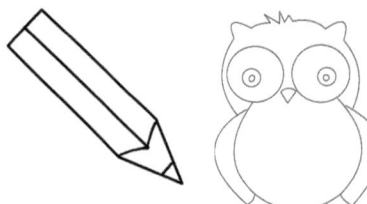  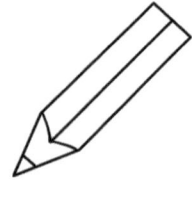

| Titel | Autorin/ Autor | Verlag/ Erscheinungs- jahr |
|---|---|---|
| | | |

Dies ist geschehen:

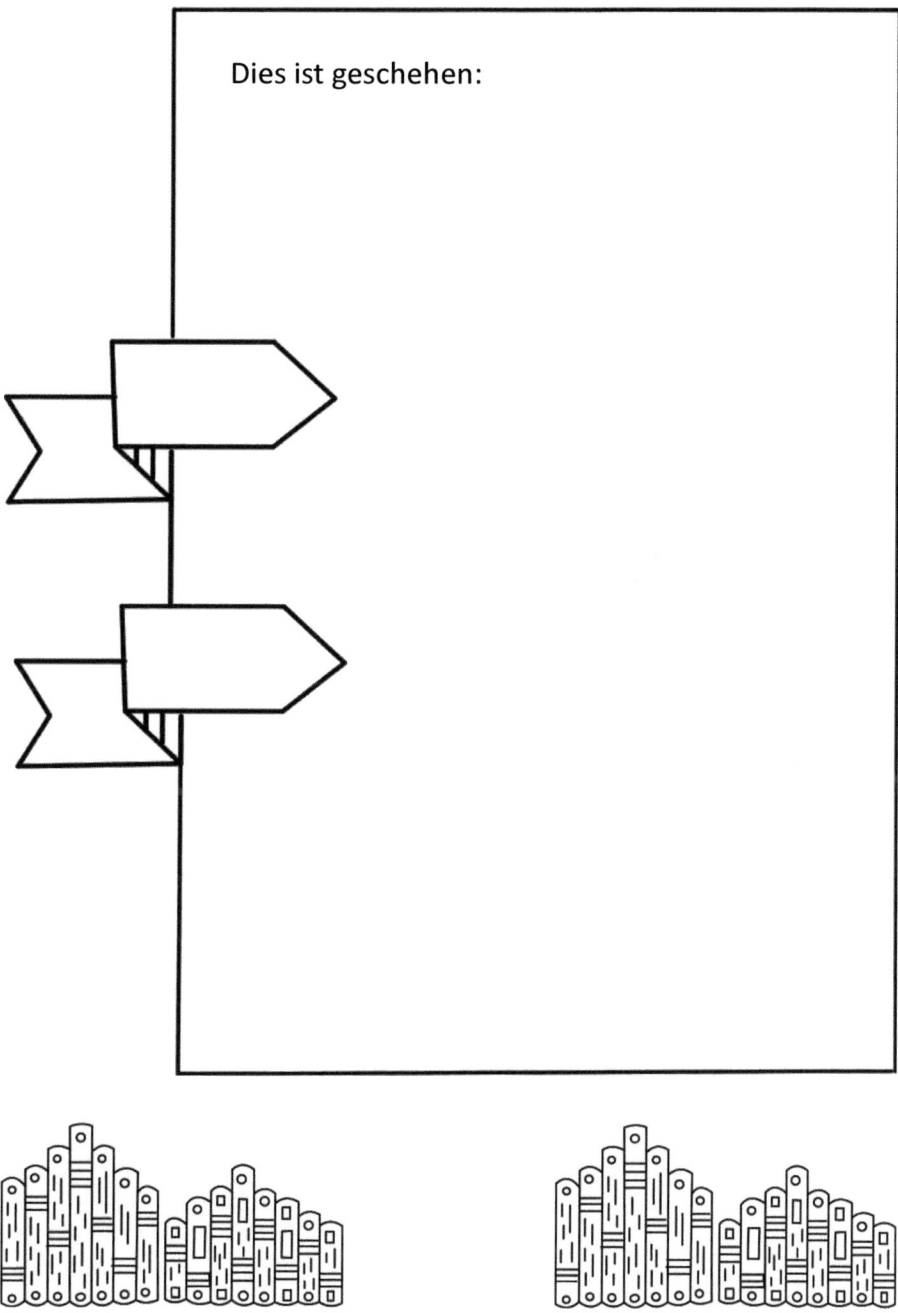

Dies will
ich mir
merken:

## *Folgende Bücher habe ich noch gelesen:*

| Titel | Autorin/ Autor | Verlag/ Erscheinungs- jahr |
|---|---|---|
| | | |

# Februar

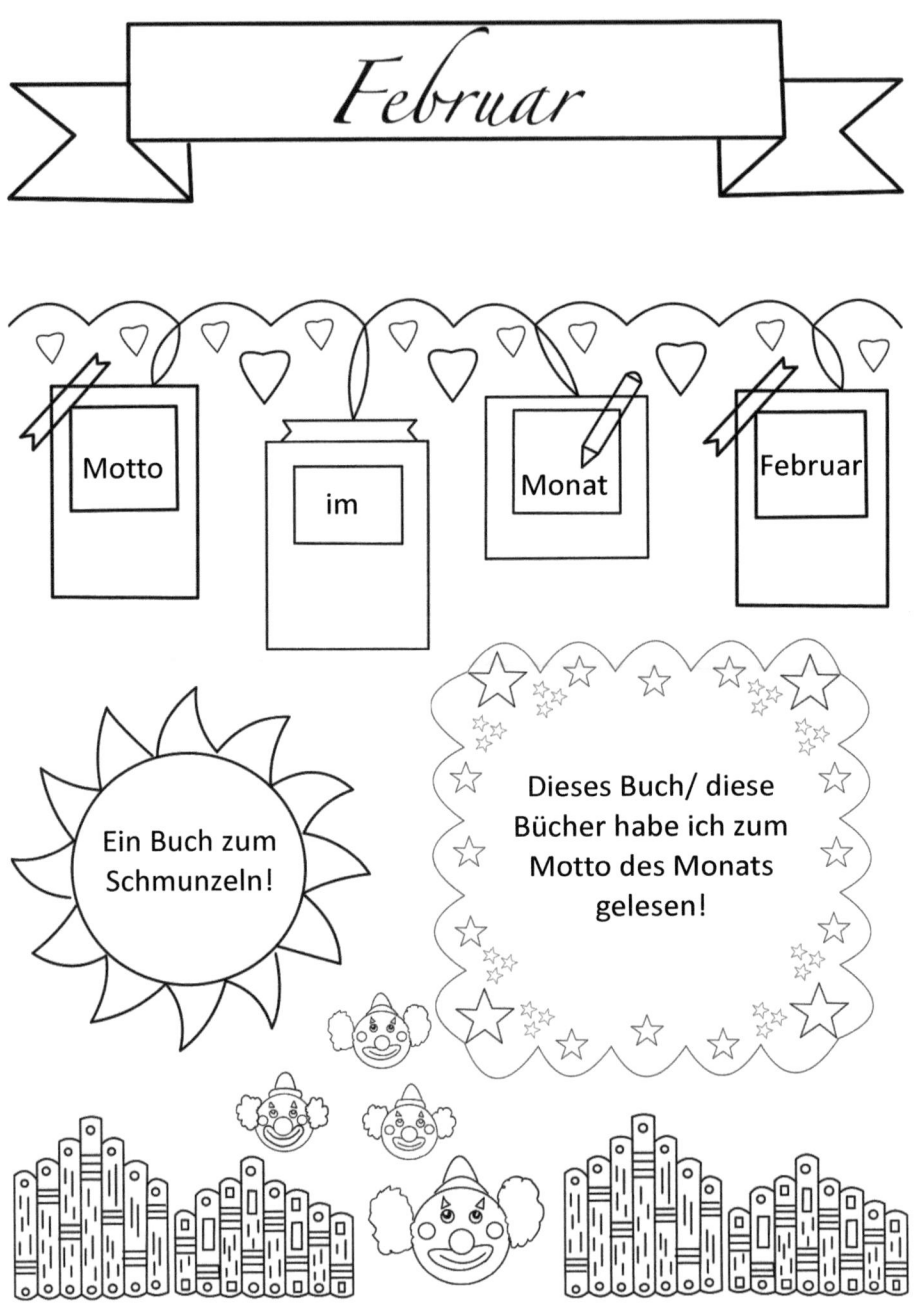

Motto

im

Monat

Februar

Ein Buch zum Schmunzeln!

Dieses Buch/ diese Bücher habe ich zum Motto des Monats gelesen!

| Titel | Autorin/ Autor | Verlag/ Erscheinungs- jahr |
|---|---|---|
| | | |

Dies ist geschehen:

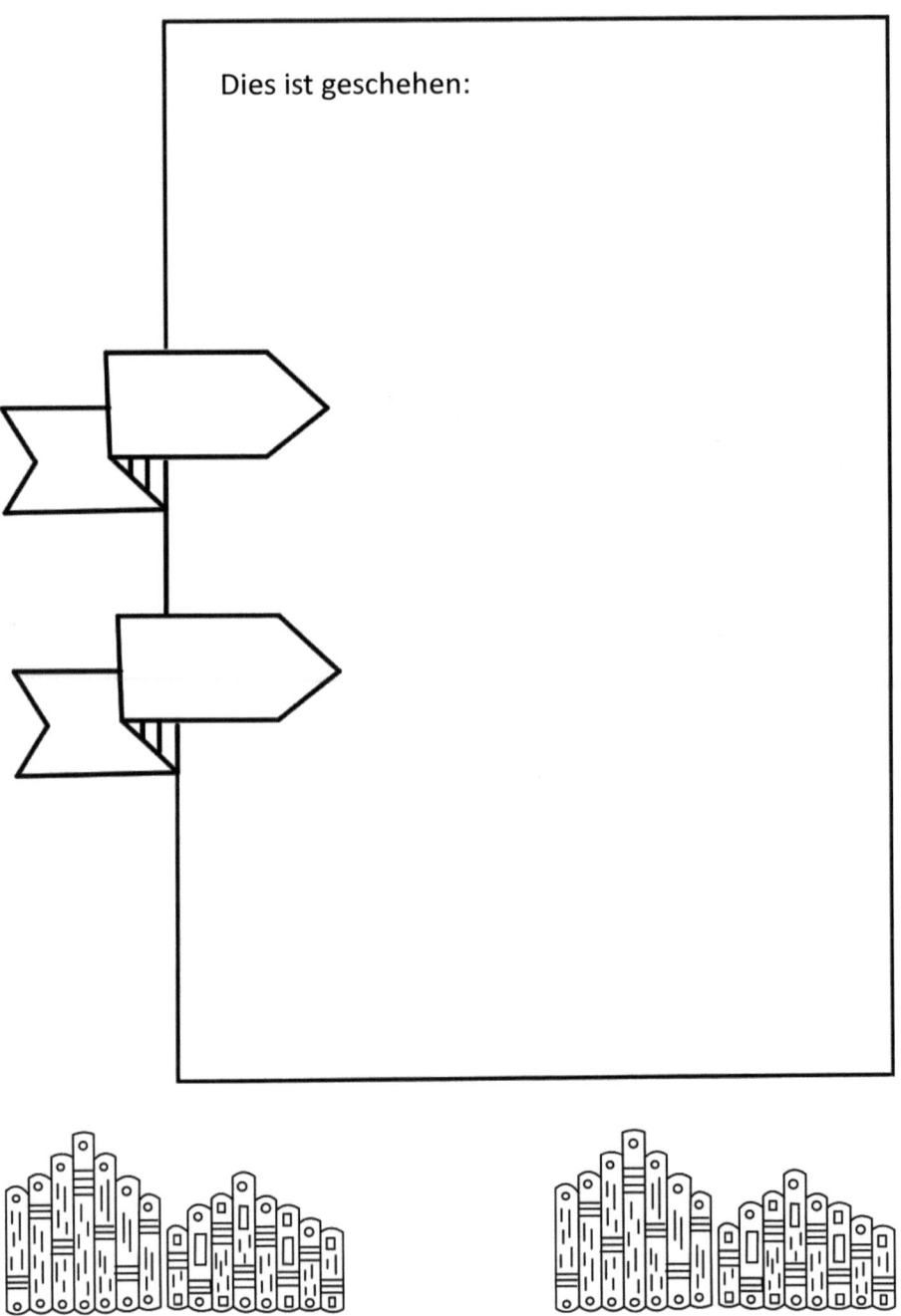

Dies will
ich mir
merken:

 *Folgende Bücher habe ich noch gelesen:*

| Titel | Autorin/ Autor | Verlag/ Erscheinungs- jahr |
|---|---|---|
| | | |

Motto

im

Monat

März

Ein Buch, in dem Tiere vorkommen!

Dieses Buch/ diese Bücher habe ich zum Motto des Monats gelesen!

| Titel | Autorin/ Autor | Verlag/ Erscheinungs- jahr |
|---|---|---|
| | | |

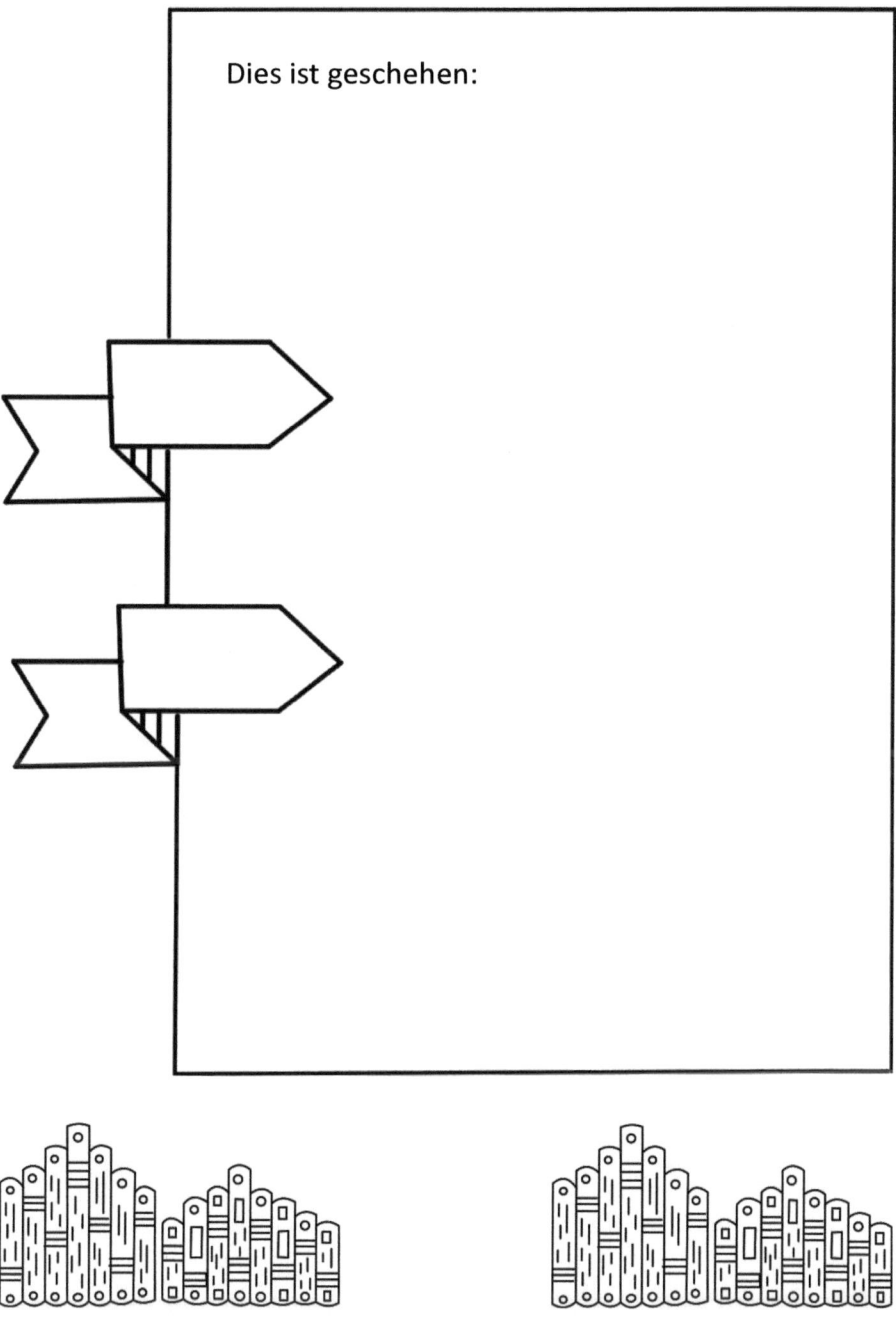

Dies ist geschehen:

Dies will
ich mir
merken:

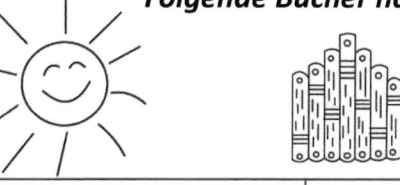

*Folgende Bücher habe ich noch gelesen:*

| Titel | Autorin/ Autor | Verlag/ Erscheinungs- jahr |
|---|---|---|
| | | |

April

Motto

im

Monat

April

Eine Detektivgeschichte!

Dieses Buch/ diese Bücher habe ich zum Motto des Monats gelesen!

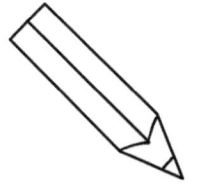

| Titel | Autorin/ Autor | Verlag/ Erscheinungs-jahr |
|---|---|---|
| | | |

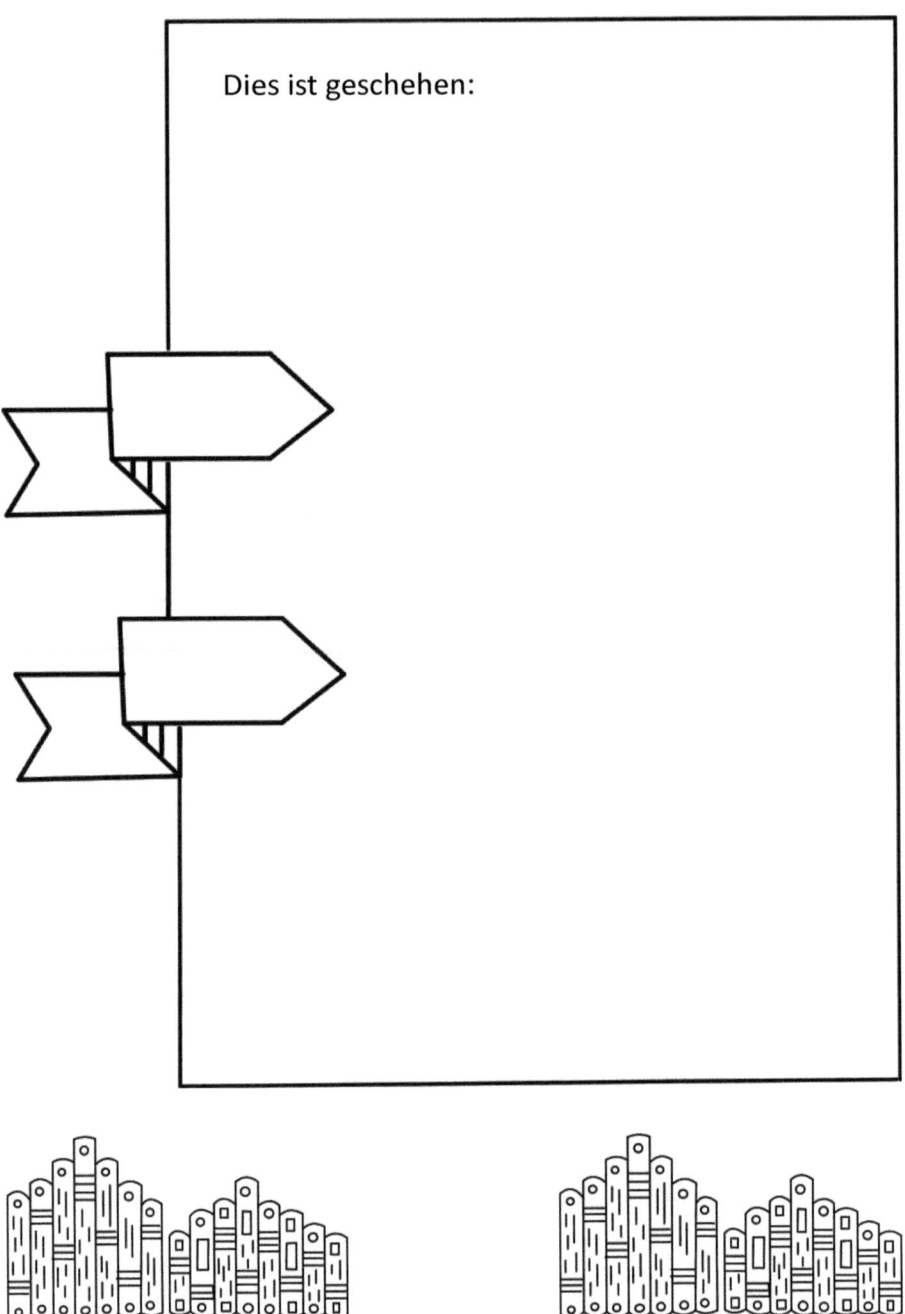

Dies ist geschehen:

Dies will ich mir merken:

23

## Folgende Bücher habe ich noch gelesen:

| Titel | Autorin/ Autor | Verlag/ Erscheinungs- jahr |
|---|---|---|
|  |  |  |

# Mai

Motto

im

Monat

Mai

Eine Geschichte, die in einem fremden Land spielt!

Dieses Buch/ diese Bücher habe ich zum Motto des Monats gelesen!

| Titel | Autorin/ Autor | Verlag/ Erscheinungs- jahr |
| --- | --- | --- |
| | | |

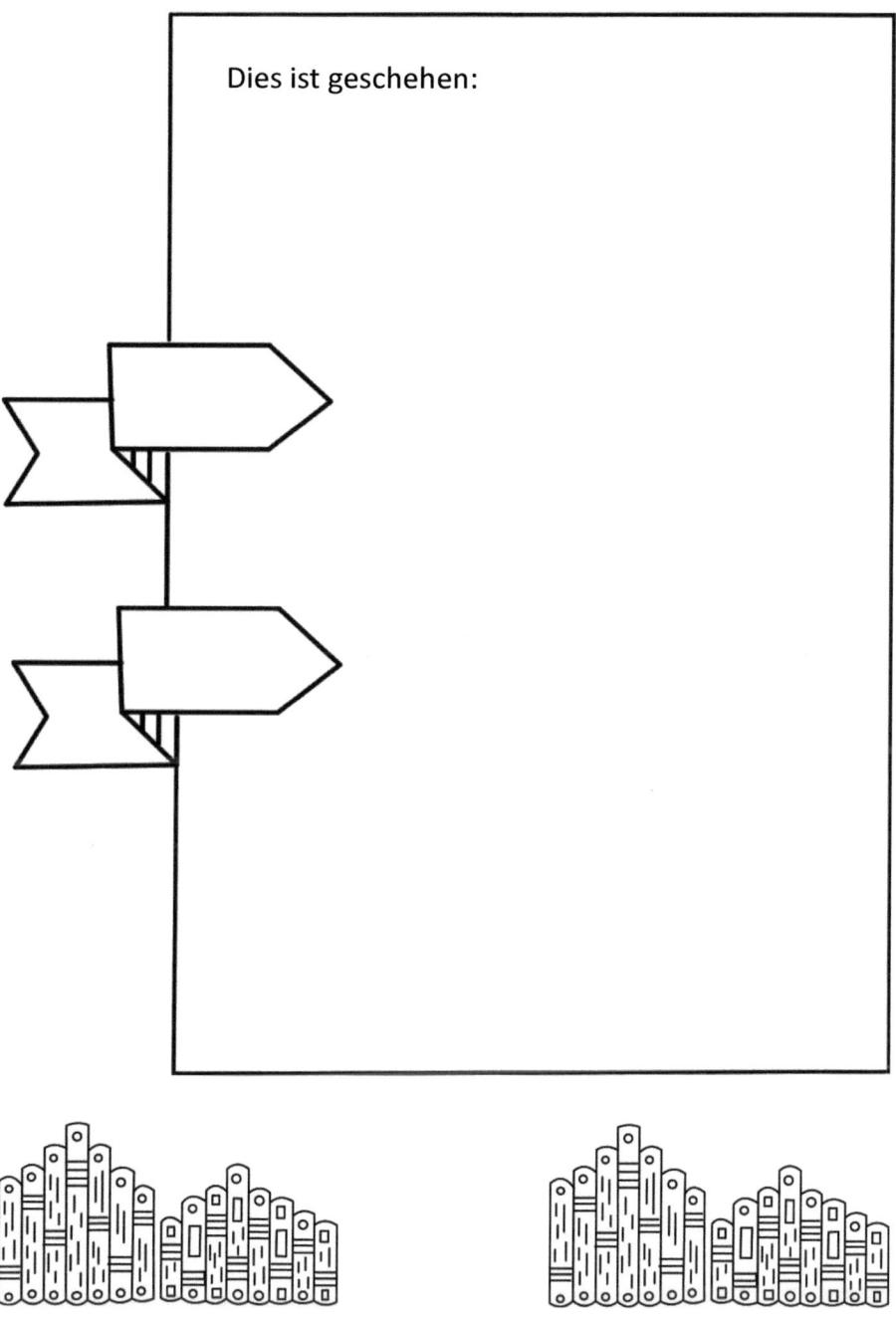

Dies ist geschehen:

Dies will
ich mir
merken:

 *Folgende Bücher habe ich noch gelesen:*

| Titel | Autorin/ Autor | Verlag/ Erscheinungs-jahr |
| --- | --- | --- |
| | | |

# Juni

Motto

im

Monat

Juni

Eine Geschichte, die in einer anderen Zeit spielt!

Dieses Buch/ diese Bücher habe ich zum Motto des Monats gelesen!

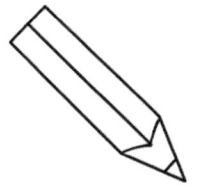

| Titel | Autorin/ Autor | Verlag/ Erscheinungs- jahr |
|---|---|---|
| | | |

31

Dies ist geschehen:

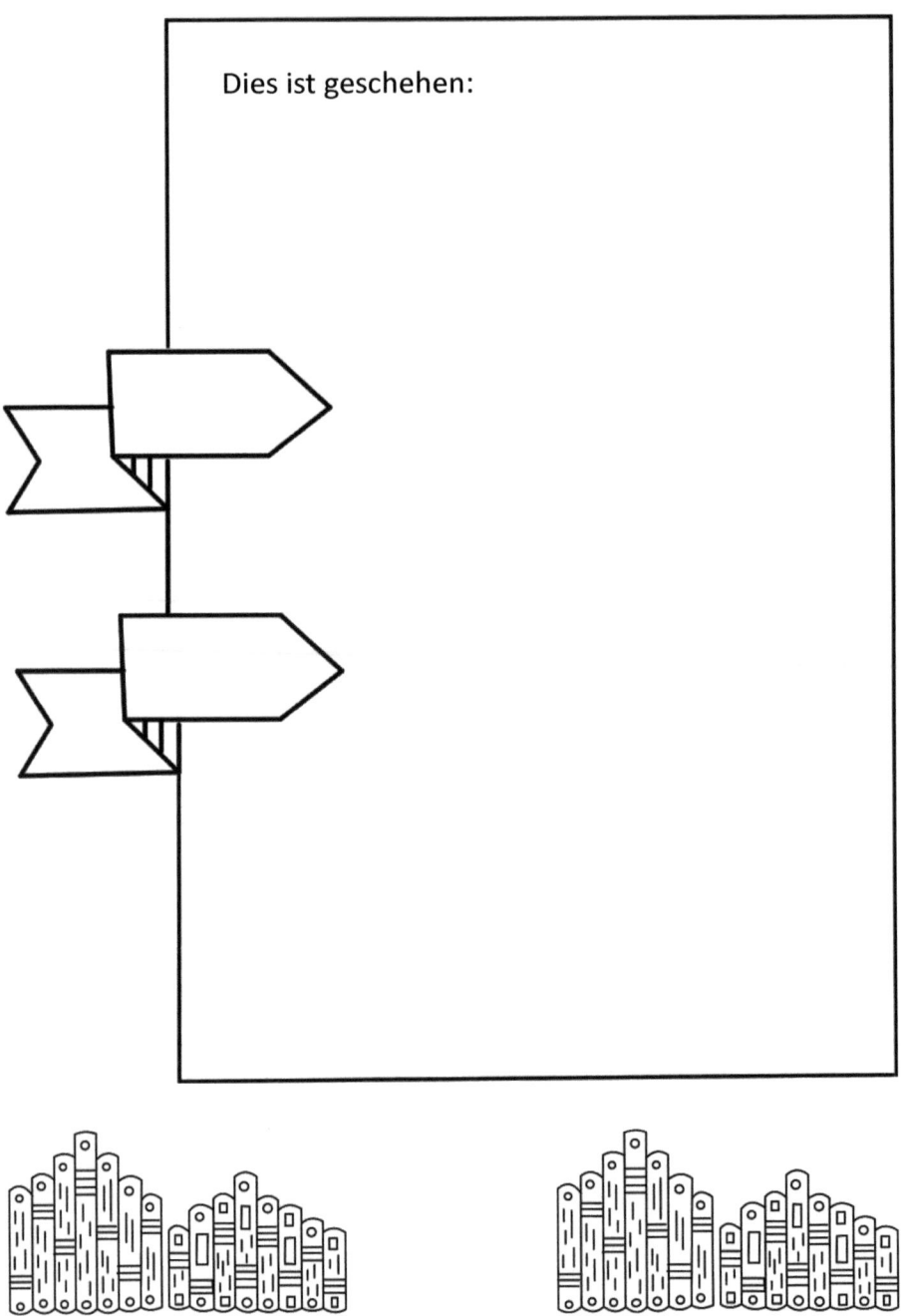

Dies will

ich mir

merken:

## Folgende Bücher habe ich noch gelesen:

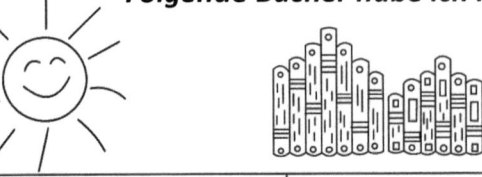 

| Titel | Autorin/ Autor | Verlag/ Erscheinungs- jahr |
|---|---|---|
| | | |

# Juli

Motto

im

Monat

Juli

Ein Sachbuch!

Dieses Buch/ diese Bücher habe ich zum Motto des Monats gelesen!

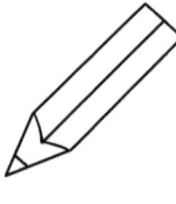

| Titel | Autorin/ Autor | Verlag/ Erscheinungs- jahr |
| --- | --- | --- |
|  |  |  |

Dies ist geschehen:

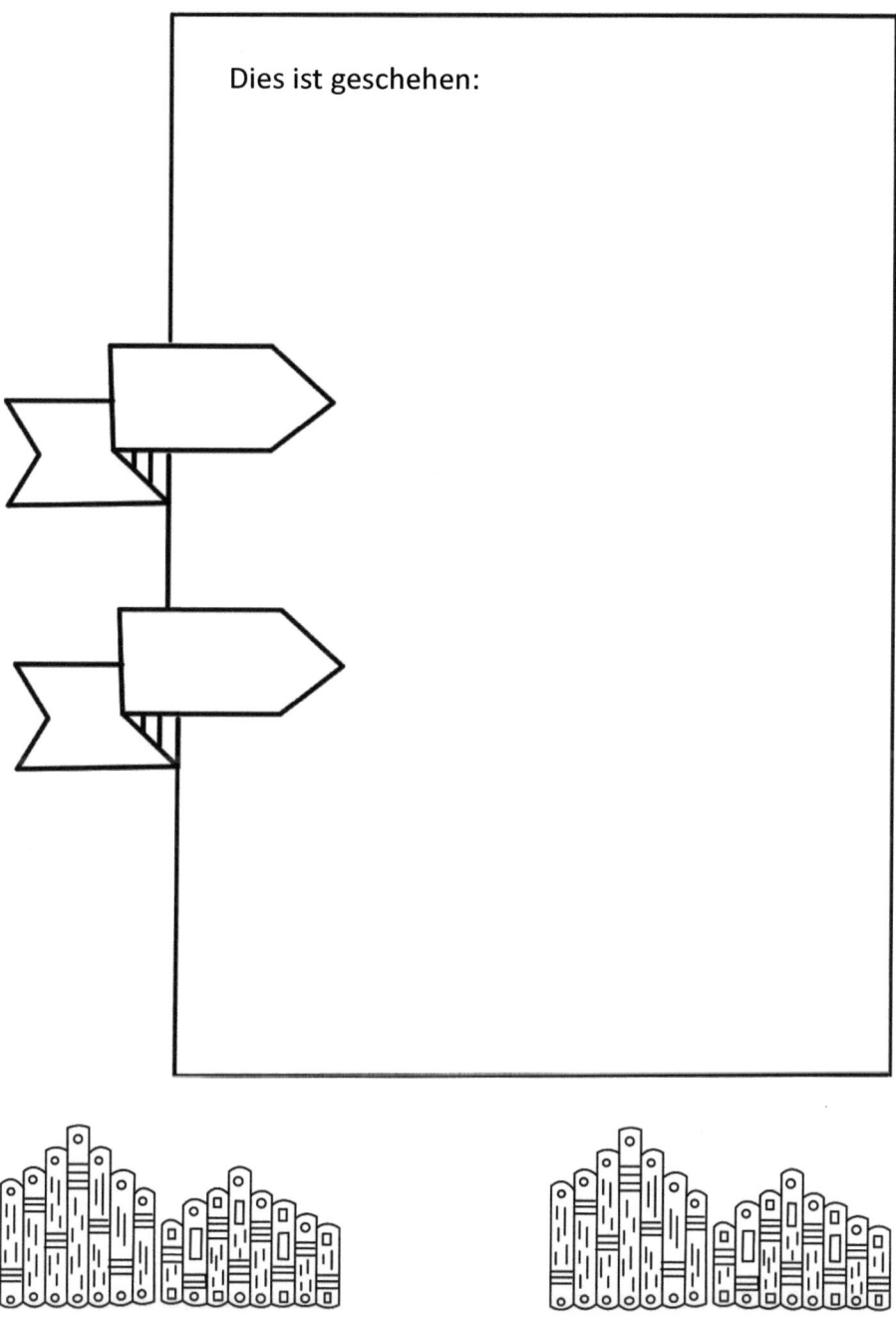

Dies will
ich mir
merken:

*Folgende Bücher habe ich noch gelesen:*

| Titel | Autorin/ Autor | Verlag/ Erscheinungs- jahr |
|---|---|---|
|  |  |  |

# August

Motto

im

Monat

August

Ein Buch aus einer Reihe!

Dieses Buch/ diese Bücher habe ich zum Motto des Monats gelesen!

URLAUBSZEIT!
Denke an genügend Lektüre!

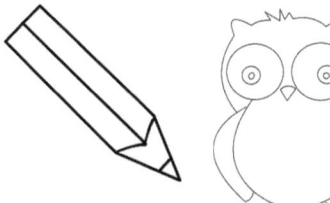  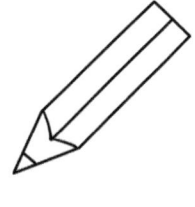

| Titel | Autorin/ Autor | Verlag/ Erscheinungs- jahr |
|---|---|---|
| | | |

Dies ist geschehen:

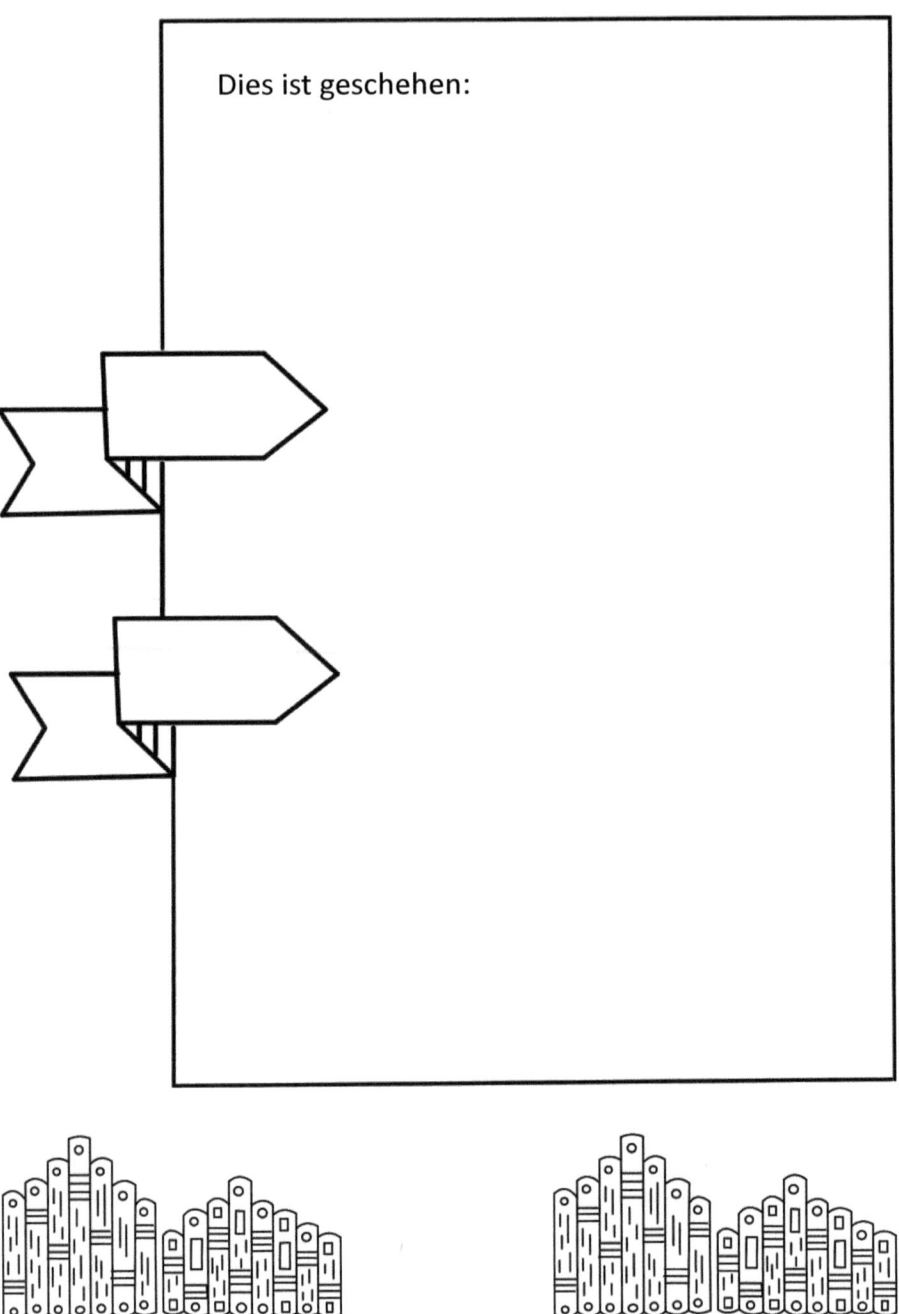

Dies will
ich mir
merken:

# Folgende Bücher habe ich noch gelesen:

| Titel | Autorin/ Autor | Verlag/ Erscheinungs- jahr |
|---|---|---|
| | | |

# September

Motto

im

Monat

Sep-
tember

Eine Abenteuer-
geschichte!

Dieses Buch/ diese
Bücher habe ich zum
Motto des Monats
gelesen!

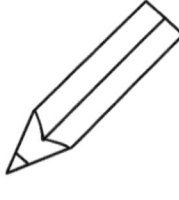

| Titel | Autorin/ Autor | Verlag/ Erscheinungs- jahr |
|---|---|---|
| | | |

Dies ist geschehen:

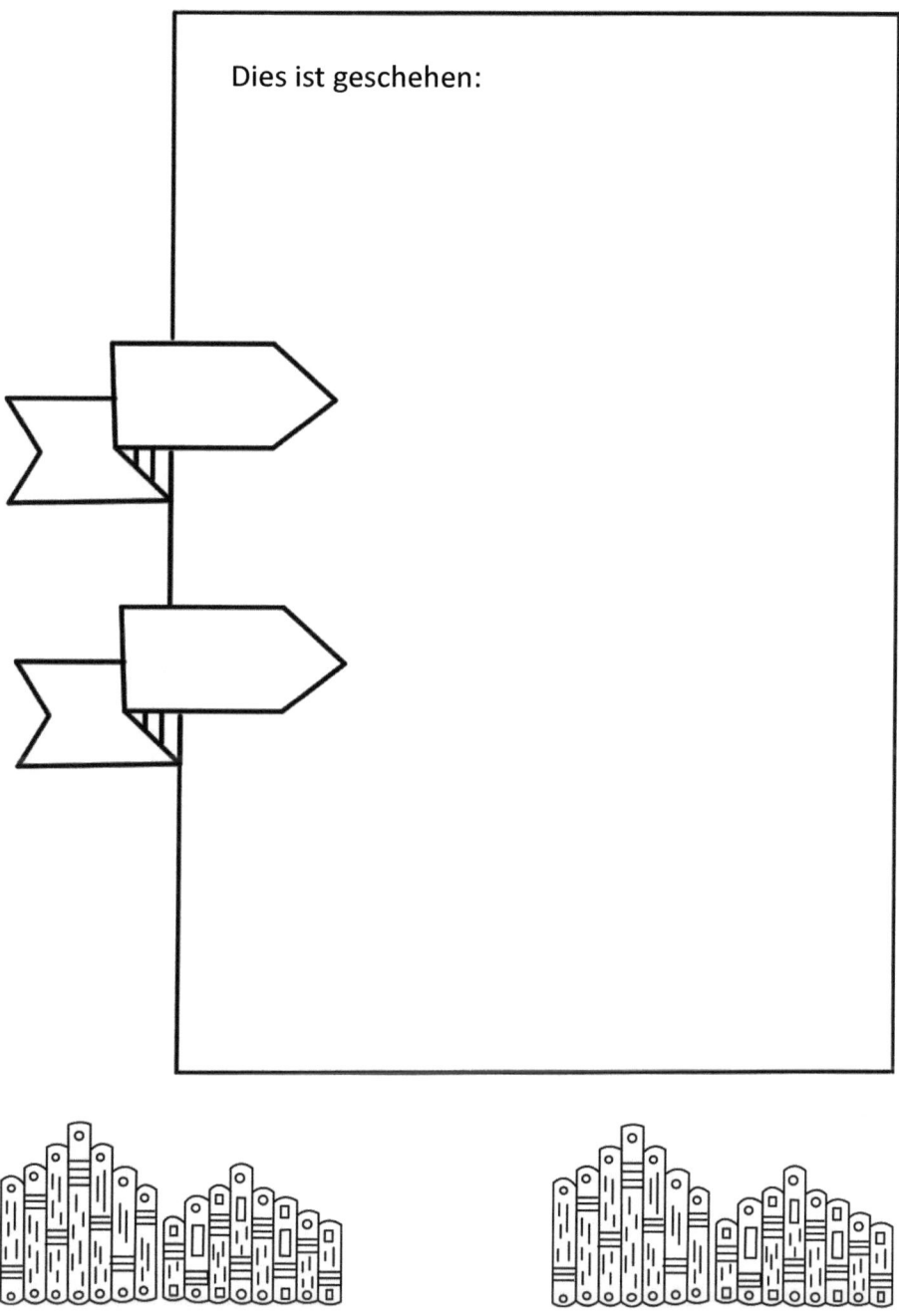

Dies will
ich mir
merken:

 **Folgende Bücher habe ich noch gelesen:**

| Titel | Autorin/ Autor | Verlag/ Erscheinungs-jahr |
|---|---|---|
| | | |
| | | |
| | | |
| | | |
| | | |
| | | |
| | | |
| | | |

# Oktober

Motto

im

Monat

Oktober

EinBuch, in dem es um Freundschaft geht!

Dieses Buch/ diese Bücher habe ich zum Motto des Monats gelesen!

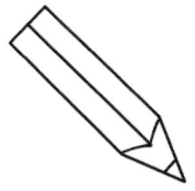

| Titel | Autorin/ Autor | Verlag/ Erscheinungs-jahr |
|-------|----------------|---------------------------|
|       |                |                           |

Dies ist geschehen:

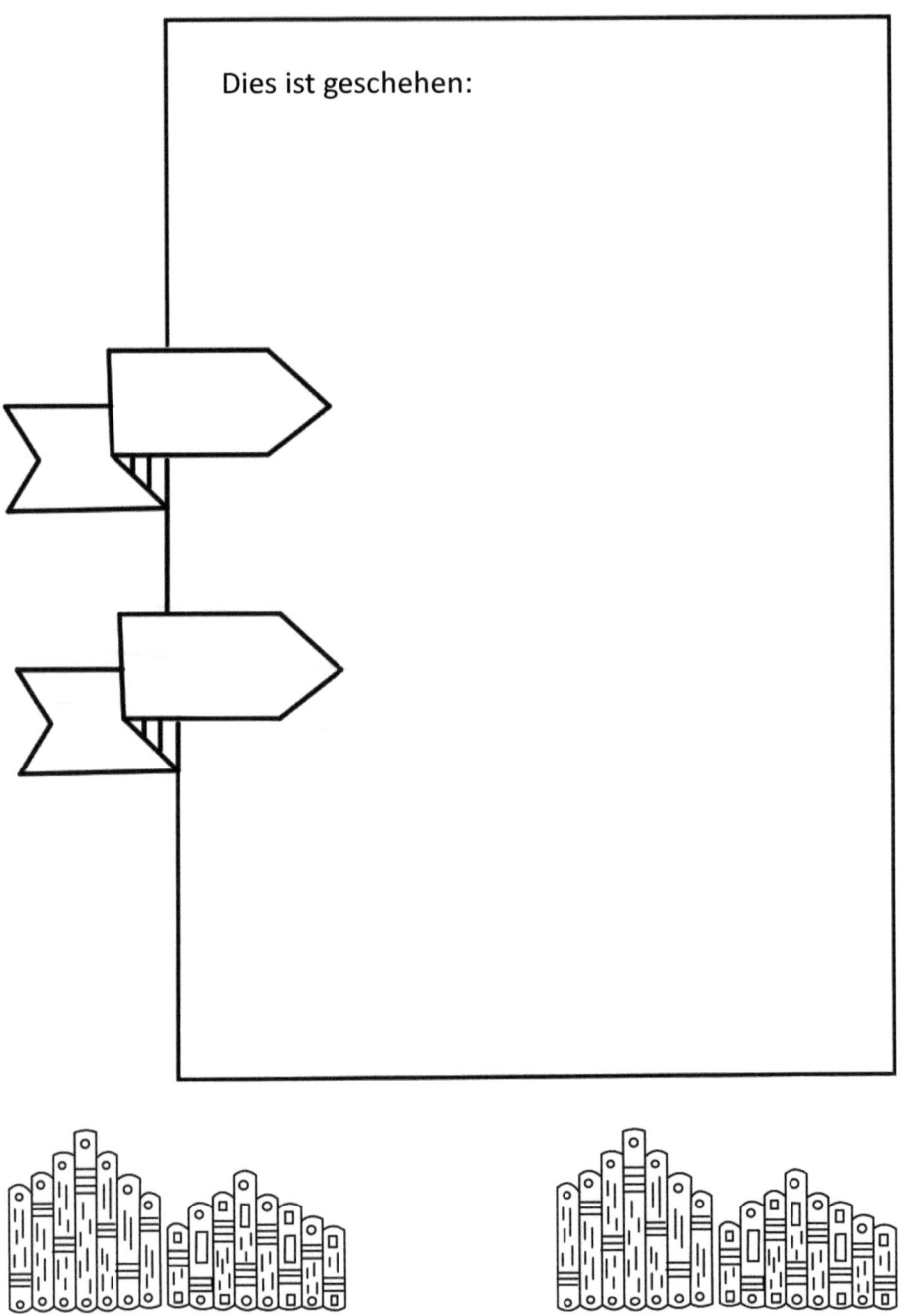

Dies will
ich mir
merken:

# *Folgende Bücher habe ich noch gelesen:*

| Titel | Autorin/ Autor | Verlag/ Erscheinungs-jahr |
|---|---|---|
| | | |
| | | |
| | | |
| | | |
| | | |
| | | |

54

# November

Motto

im

Monat

November

EinBuch, das in diesem Jahr erschienen ist!

Dieses Buch/ diese Bücher habe ich zum Motto des Monats gelesen!

| Titel | Autorin/ Autor | Verlag/ Erscheinungs- jahr |
|---|---|---|
| | | |

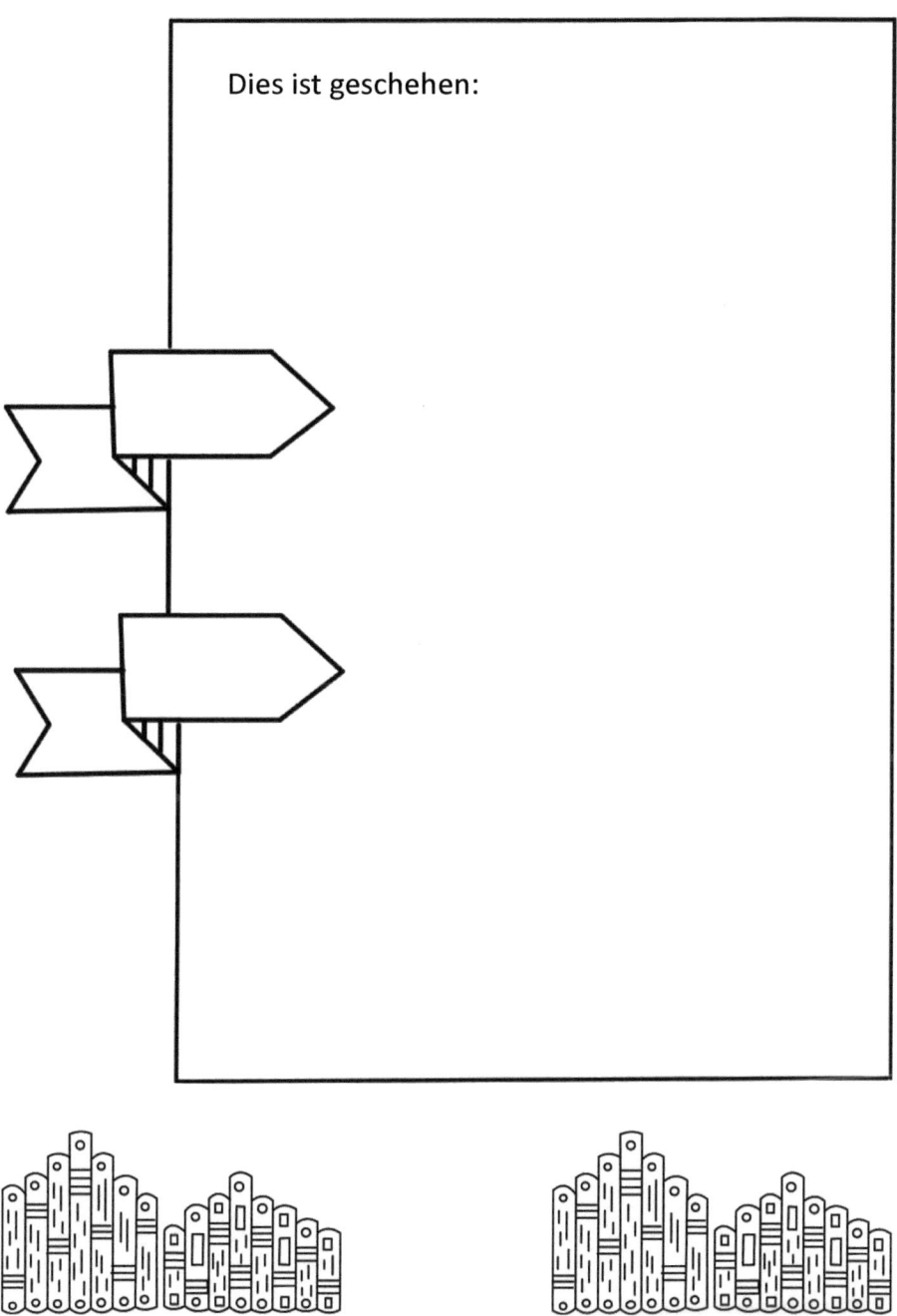

Dies ist geschehen:

Dies will

ich mir

merken:

 *Folgende Bücher habe ich noch gelesen:*

| Titel | Autorin/ Autor | Verlag/ Erscheinungs-jahr |
|---|---|---|
| | | |

# Dezember

Motto

im

Monat

Dezem-ber

Ein weihnachtliches Buch!

Dieses Buch/ diese Bücher habe ich zum Motto des Monats gelesen!

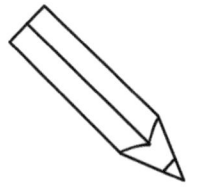

| Titel | Autorin/ Autor | Verlag/ Erscheinungs- jahr |
| --- | --- | --- |
| | | |

Dies ist geschehen:

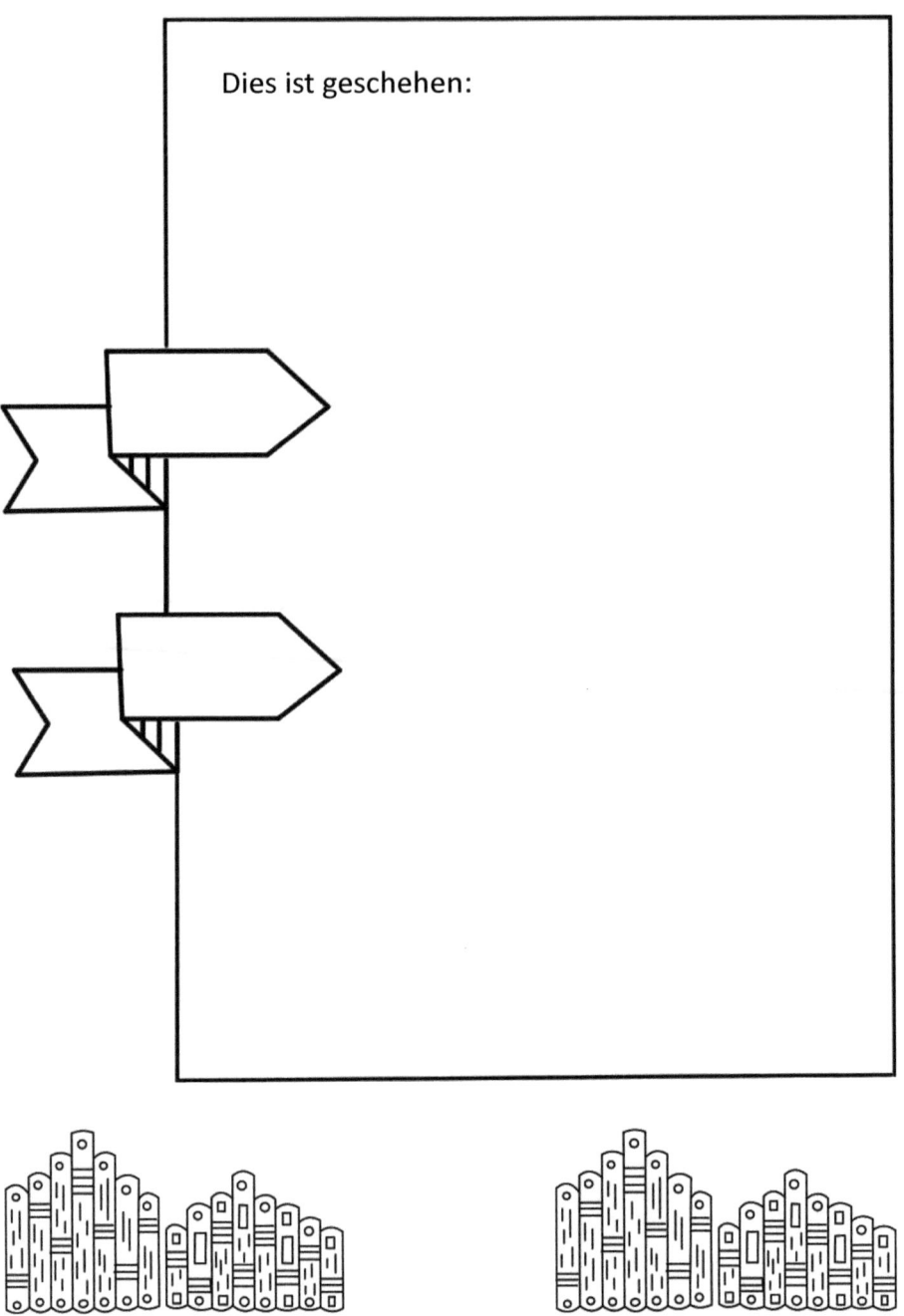

Dies will ich mir merken:

 *Folgende Bücher habe ich noch gelesen:*

| Titel | Autorin/ Autor | Verlag/ Erscheinungs-jahr |
|---|---|---|
| | | |

**Diese Bücher würde ich gerne noch einmal lesen!**

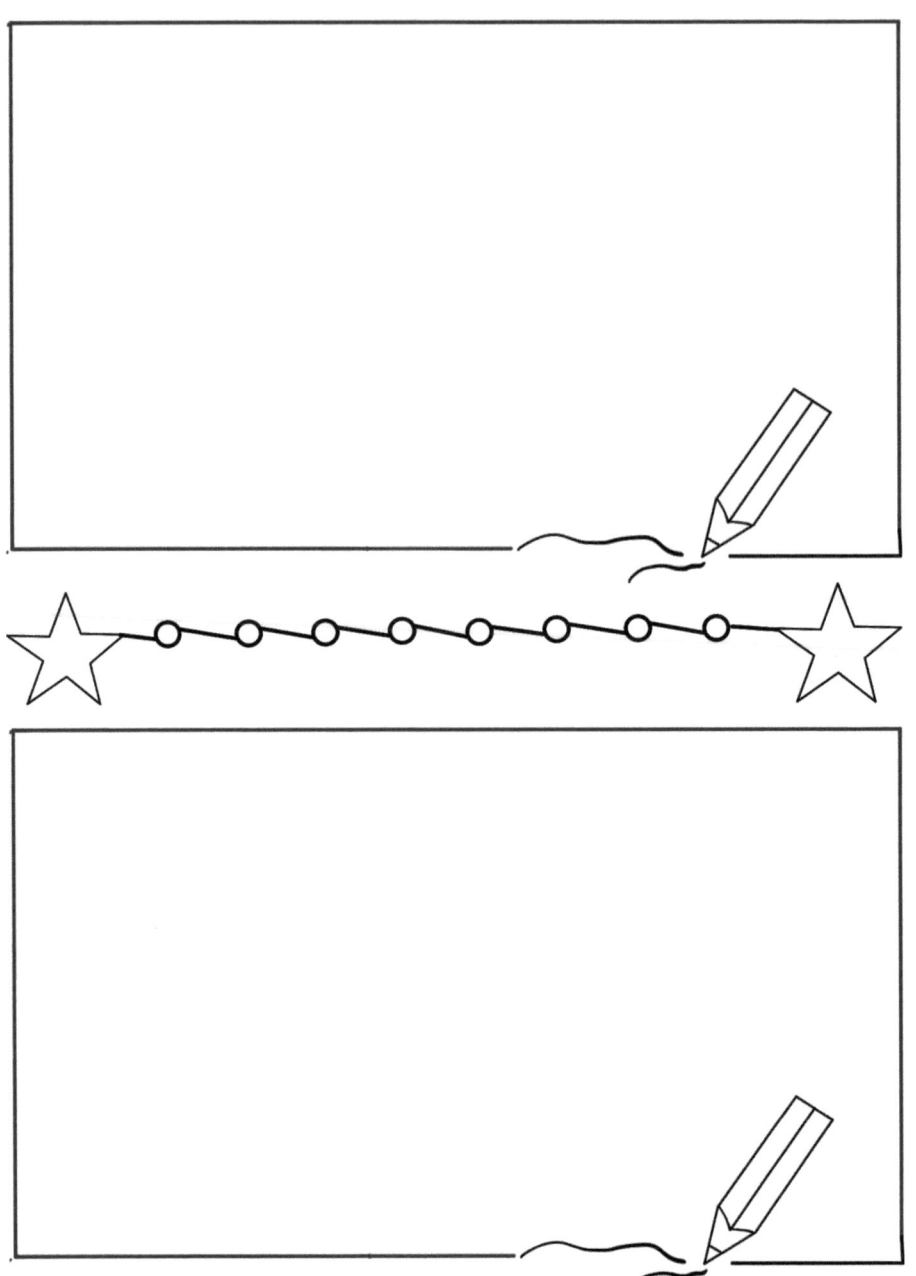

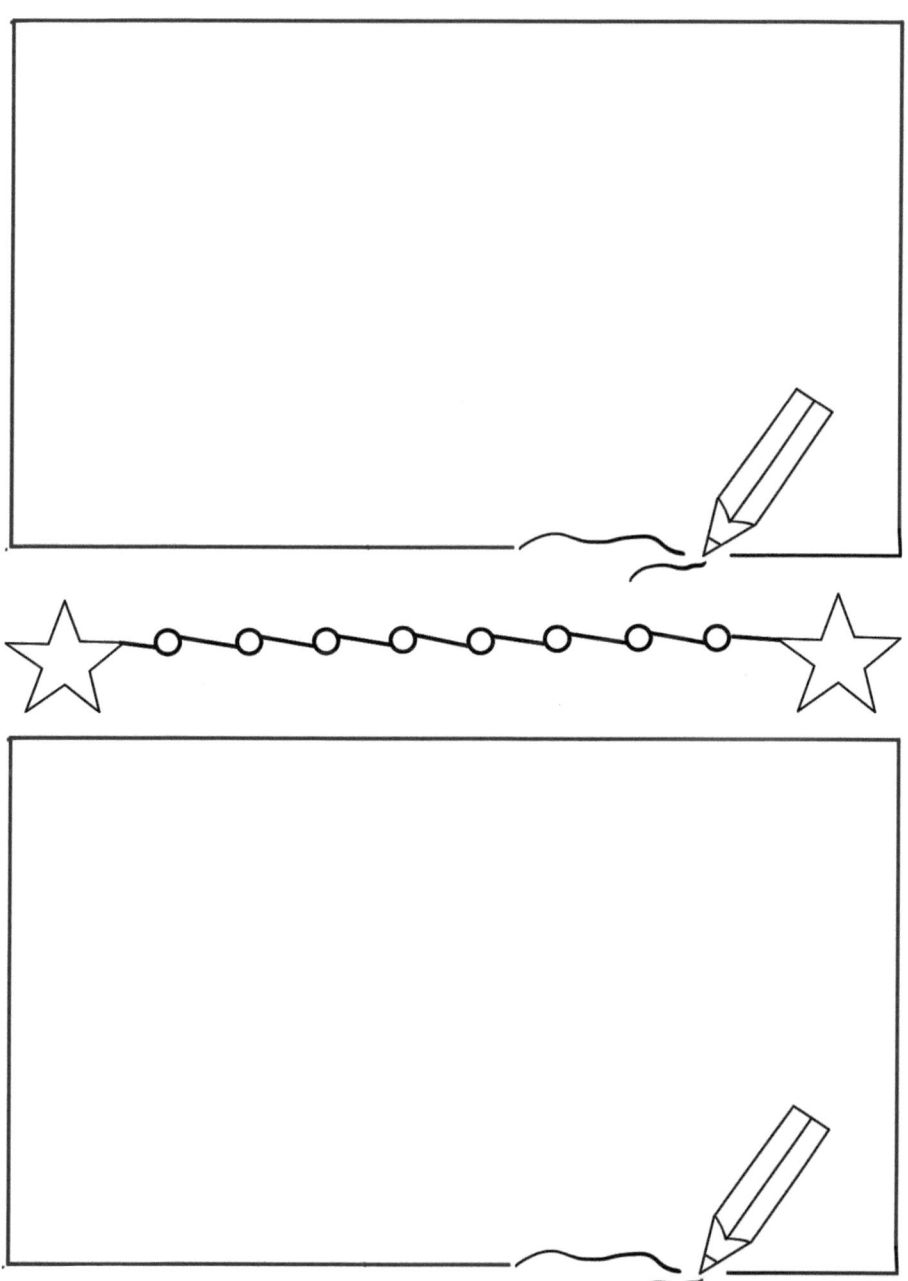

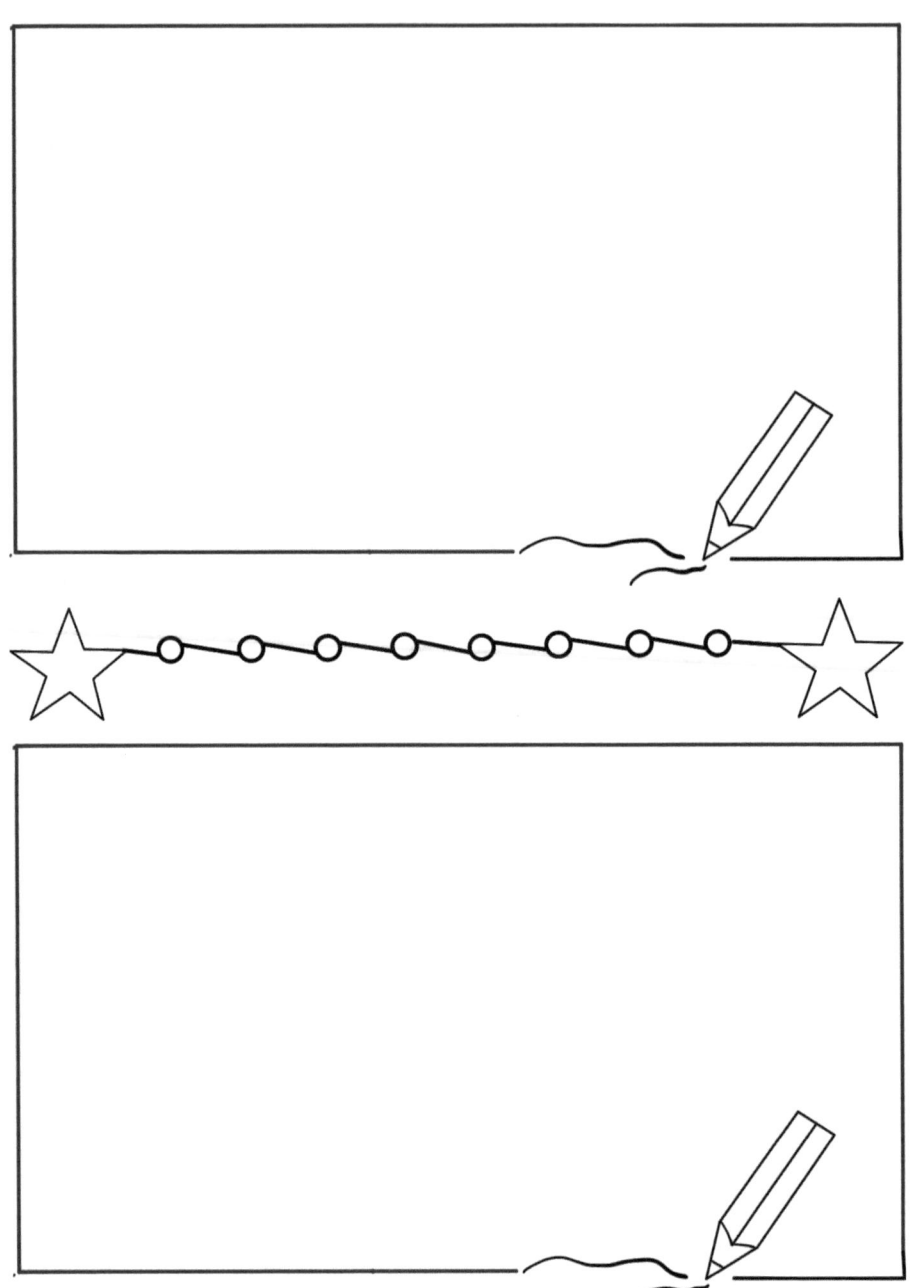

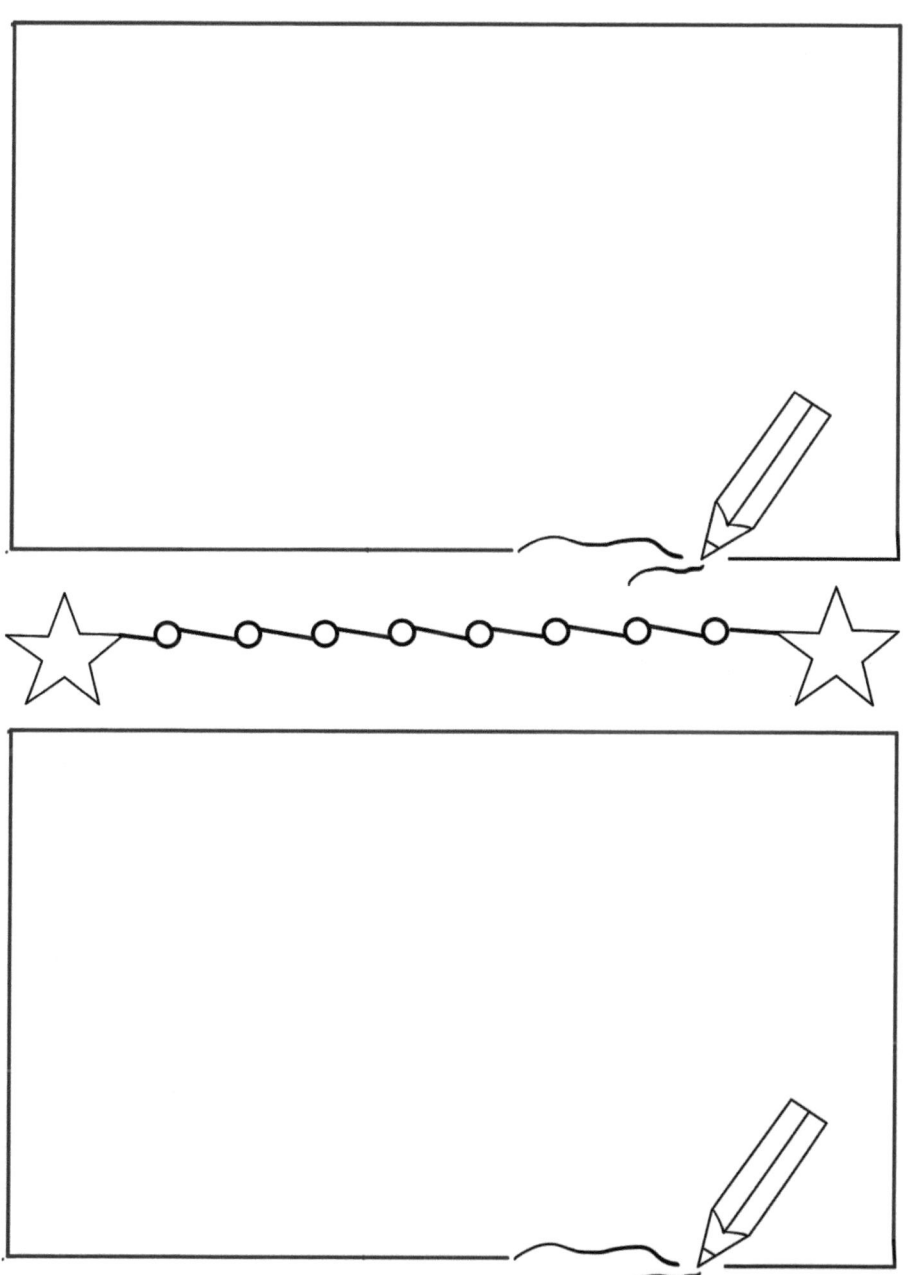

Diese Bücher würde ich
weiterempfehlen!

73

74

Platz für eigene Notizen,
Gedanken, Ideen...

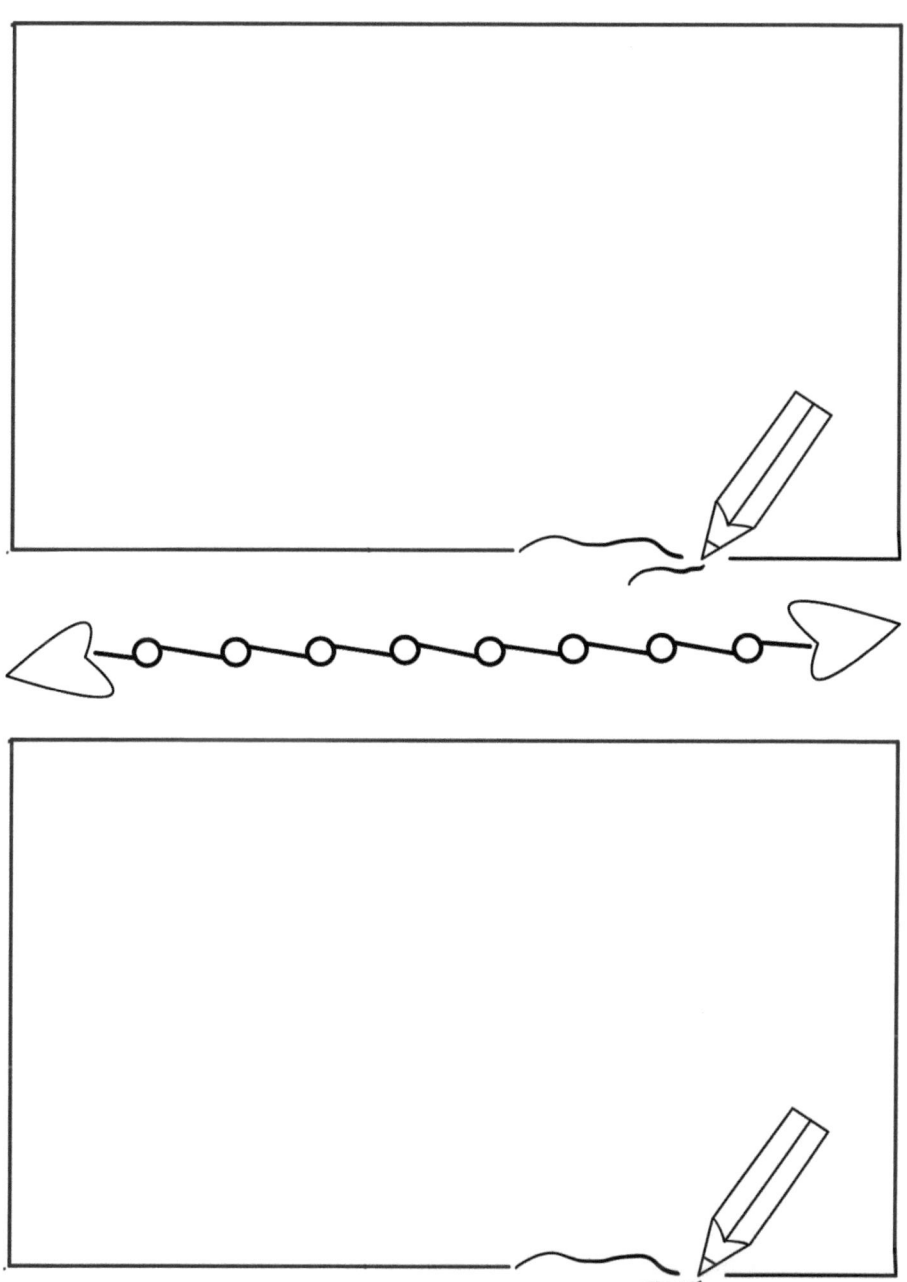

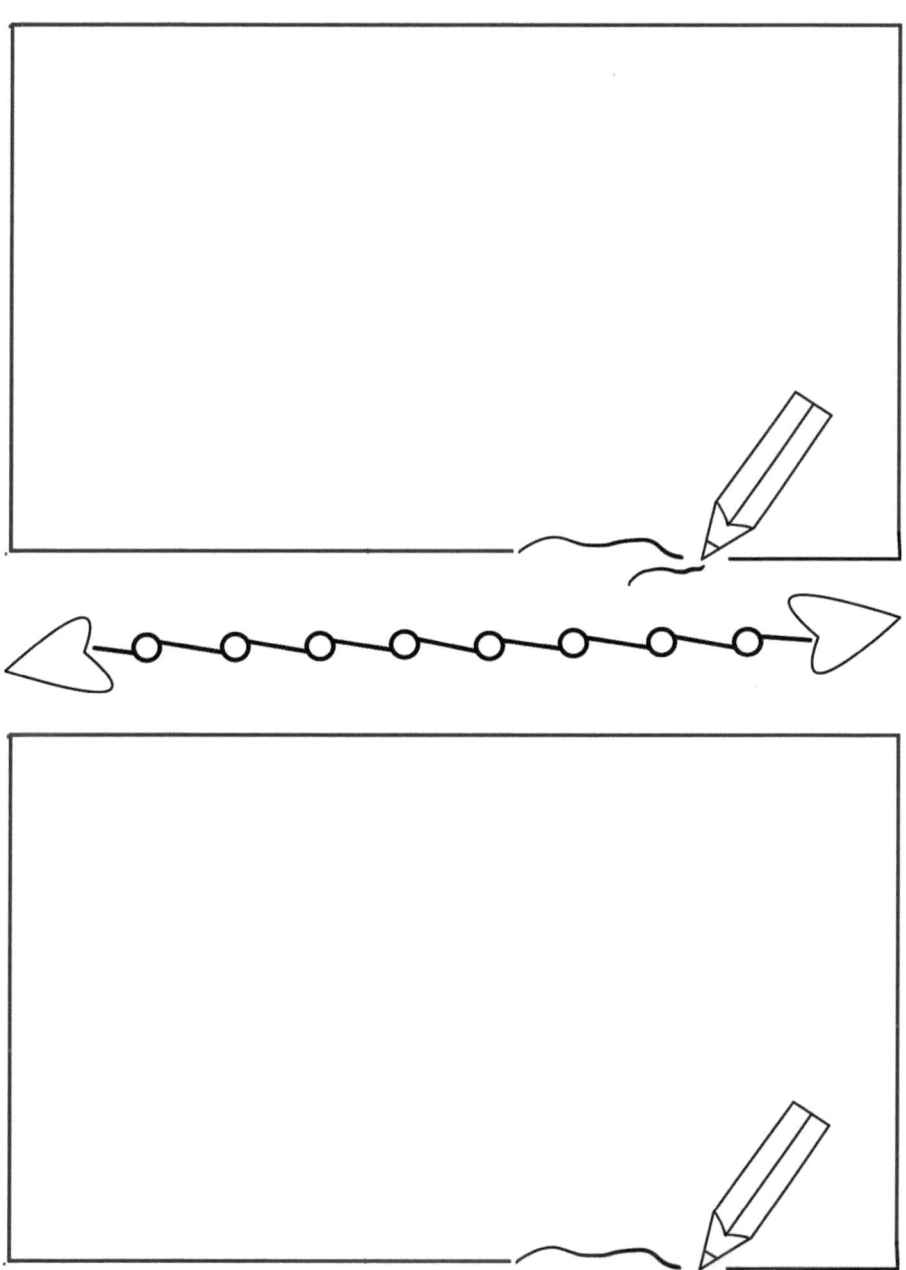